M. ALFRED PAQUET

Contemplons la douce et bonne figure de notre parent, de notre ami. Comme elle respire l'inaltérable bonté, qu'elle manifeste bien la sérénité d'esprit, la paix du cœur, la noblesse d'une âme naturellement élevée, que rehaussent les splendeurs de cette foi catholique, sourire constant et lumineux flambeau de son édifiante vie !

Les goûts profondément simples de M. Alfred Paquet, sa vie tout entière passée modestement dans les affaires, à l'ombre du foyer de la famille qu'animait sa sereine gaieté, semblent protester contre la publication d'une notice destinée à rappeler les vertus aimables, les heureuses qualités dont il ne fit jamais étalage, mais nous estimons utile de proposer à ses enfants et petits-enfants un modèle, aussi profondément chrétien, de toutes les vertus domestiques. Et comment sa mémoire bénie pourrait-elle s'en offenser? Nous n'avons d'autre but ici que l'édification. Plaise à Dieu, qu'un tel exemple réconforte la vaillante compagne qu'il aimait d'un amour chrétien, et qu'en retraçant, pour ses parents et ses amis intimes, quelques traits de cette vie de devoir et de loyauté, nous nous pénétrions, une fois de plus, des sublimes convictions qui animaient cet ami si simple dans ses goûts, si vrai dans ses affections!

***

Né en 1821, le jour où le cycle des fêtes de l'Église ramène la commémoration de la visite que la sainte Vierge Marie rendit à sa cousine Élisabeth, pour nous tracer l'exemple de l'affabilité qui doit présider aux rapports de famille, *l'enfant* fut, dès le plus jeune âge, le modèle des fils, témoignant à son père et à sa mère une soumission, un attachement, un respect profond : sa tendresse pour ses parents s'accroissait encore, semblait-il, de l'union si exemplaire de leurs sentiments.

Élève du collège de Cambrai, il n'y fut pas étourdi comme la plupart des enfants, dont les espiègleries, qualifiées de gentillesses, sont trop souvent le prélude d'une incurable légèreté; il avait déjà cette gaieté charmante, tempérée par les qualités sérieuses et savait conquérir, dès l'âge de vingt ans, l'amitié d'un digne ecclésiastique du clergé de Béthune, M. l'abbé Danel. Leurs longs et nombreux entretiens lui acquirent une connaissance approfondie de la religion et lui inculquèrent cette foi, autant éclairée qu'inébranlable, qui allait devenir le caractère distinctif de sa vie.

***

Ses études terminées, son père l'initia au commerce. Il reprit la suite des affaires, après quelques années de patiente et d'active collaboration. *Négociant* avisé et vigilant, il développa beaucoup la maison de commerce à laquelle son père et son beau-père, associés toute leur vie dans une union parfaite, avaient mérité une réelle considération; il avait l'ambition de multiplier ses affaires beaucoup plutôt que de réaliser de gros bénéfices. L'honneur de son commerce lui tenait fort à cœur : il voulait transmettre, dans son intégrité, le dépôt qu'il avait reçu de ses parents, et certes il l'a laissé tel. Sa délicatesse ne peut se comparer qu'à la confiance qu'il inspira, si difficile qu'il fut de la retenir dans des affaires de cette nature.

*
* *

Fils, il avait donné la mesure de ses sentiments; commerçant, il avait su mériter la confiance d'une clientèle qui n'eut jamais l'idée de lui échapper. Un établissement honorable vint consolider sa position. Depuis de longues années déjà, il avait en vue une personne d'une grande aménité de caractère, d'une élévation d'âme qui la rendaient tout à fait digne d'associer sa vie à celle d'un cousin dont le cœur était si bien placé.

Dieu sème d'épreuves le pèlerinage de ses fidèles, surtout de ceux que sa Providence entoure de prédilection. Parmi ces épreuves, la faible santé de sa digne compagne ne tint pas la moins importante place. Il fallut qu'elle suivît, à Paris, dans l'hiver de 1865, un traitement qui se prolongea plusieurs mois; il fallut qu'elle demeurât étendue sur une chaise longue, durant des années entières, dans la maison de Béthune : M. Alfred Paquet fut, à cette époque-là, en toute vérité, le père et la mère de ses enfants. Mari aimant comme il l'était, il entoura sa femme de tendresses infinies, qui ne se démentirent jamais pendant les dix ans que se prolongea cette douloureuse maladie. Dieu se laissa toucher par tant de sollicitudes et de prières. Sa chère Pauline fut enfin rendue à la santé. Quelques années s'écoulaient, et le chef de famille, si dévoué aux siens, tombait malade, à son tour, de cette maladie longue et cruelle, mettant à la plus rude épreuve l'abnégation de sa femme chez laquelle nous respectons les poignants déchirements de la veuve !

*
* *

Il fut un *époux* prévoyant, d'une égalité d'humeur, d'une affabilité telle que jamais aucun nuage n'obscurcit le ciel de cette union si profondément chrétienne. Tous leurs efforts tendirent à élever leurs cinq enfants dans la crainte de Dieu, dans la sincérité qui appartient aux enfants de lumière.

Il n'est pas de sacrifices que le *père de famille* n'ait faits pour maintenir ses fils dans la dignité de la vie et dans la probité commerciale ; ses filles, dans les pieuses traditions auxquelles les préparaient, pour ne citer que deux moyens trop souvent tombés en désuétude, l'assistance aux offices paroissiaux et la prière du matin et du soir en famille.

Qu'il faisait bon le voir animer les réunions de famille par un entrain charmant, une gaieté vraiment communicative ! Ce *chef de famille*, vraiment exemplaire, excellait à rendre touchantes les fêtes de famille, à les imprégner des traditions de respect et de vénération. Son bonheur était d'apprendre aux enfants, pour ces circonstances, des vers mis à leur portée, qui partaient de son cœur pour parler à des cœurs qu'il réjouissait et attendrissait tour à tour. Oh! comme ces fêtes de famille, douces et suaves, impressionnaient profondément!

Il conservait sur lui-même un tel empire, qu'il s'interdisait absolument les choses qui lui faisaient le plus de plaisir, quand il s'apercevait que l'habitude allait les lui rendre nécessaires. Il ne se contentait pas de partager les fatigues des nuits pour veiller ses petits-enfants, il s'occupait encore des récréations et inventait pour eux des jeux qui les leur rendaient plus agréables.

Les murmures étaient absolument inconnus à ce chrétien, parmi les épreuves et les affaires de famille les plus importantes.

*\
* *

Juste, bon, d'une égalité d'humeur qui se traduisait par une affabilité charmante, une hospitalité cordiale, à la manière d'autrefois, il aimait profondément les siens, qui le lui rendent bien. Ceux qui l'ont connu ou approché se sont tous sentis pénétrés d'une profonde estime, bien plus, d'une affection sincère pour une nature aussi franchement sympathique. Loyal, aimant et confiant jusqu'à l'abandon, un cœur généreux comme celui de M. Alfred Paquet éprouva dès le printemps de sa vie l'impérieux besoin d'un *ami* auquel il se donnât tout entier, qui l'aidât à affronter la chaleur du jour et les aspérités du chemin.

Notre ami Alfred se faisait partout les meilleures, les plus sûres relations : il n'échangea toutefois ses plus chères confidences qu'avec deux amis intimes, l'un, qu'il conserva jusqu'à sa mort à Béthune; l'autre, de la vieille affection duquel nous tenons les lignes que nous relevons avec émotion :

« Combien de fois, dans nos années de jeunes gens, à l'âge où la vie se présente avec ses riantes promesses, combien de fois, autour de Béthune, dans de longues promenades de plusieurs heures, avons-nous tracé nos plans de vie, de bonheur et d'avenir! Le plus grand bonheur, nous n'y songions pas alors, mais il était dans les confidences échangées, dans l'épanchement fraternel de deux cœurs unis par l'amitié.

« L'amitié avait à ses yeux le caractère le plus sérieux : pour lui, un ami était un conseil, le conseil qui avait toute sa foi. Il n'a rien fait de grave dans sa vie sans prendre conseil de son ami, principalement dans ses devoirs de chef de famille qu'il a remplis avec la plus grande droiture de conscience, ayant pour point d'appui constant sa foi religieuse, qui était profonde, absolue. »

*
* *

D'une exquise délicatesse dans le commerce de la vie, il prévenait les désirs de ceux qui l'entouraient et acceptait volontiers les occasions de se rendre utile. Ce n'est pas lui qui jamais entretînt l'arrière-pensée de faire la courte échelle à la renommée : il était trop sage, trop droit pour ne pas dédaigner les vaniteuses apparences, trop juste pour rechercher le bien avec des sentiments de retour personnel.

Pendant plusieurs années, il fit partie du *Conseil municipal* de la ville de Béthune, fut *administrateur du bureau de bienfaisance*, et remplit ces fonctions avec un zèle, un dévouement qui le firent regretter dans des emplois où il se rendait vraiment utile.

*
* *

Sans négliger ses devoirs professionnels auxquels il consacrait, comme il convient, la plus grande part de sa laborieuse existence, et dont il acceptait courageusement toutes les responsabilités, il augmentait volontiers le champ de ses observations et donnait aux choses de son temps l'attention qu'elles méritent.

Pénétré de l'importance des questions sociales, notre digne ami appartenait à l'école de Le Play, ce consciencieux chercheur de la vérité sociale. Nous lui avons souvent entendu répéter que la justice ne consiste pas seulement à résister aux doctrines subversives de toute morale, qu'elle consiste encore à combattre le froid égoïsme qui crée les privilèges et à réformer les abus. L'école de la *Réforme sociale* n'a pas d'adeptes plus convaincus que ne l'était l'ami désintéressé, le cœur droit dont quelques maximes, sévères autant que justes, condensent les sentiments.

Il y a des réformes dont on doit poursuivre avec persévérance la réalisation. De ce nombre sont toutes les mesures à prendre pour favoriser la prévoyance et l'épargne. L'ordre et l'économie dans le ménage sont les auxiliaires obligés du travail, pour qu'il soit rémunérateur. Qui peut mieux insinuer ces vertus essentielles que la morale évangélique qui recommande d'une manière si pressante la sobriété et la bonne administration de la fortune, consistant à observer pour les dépenses de toutes sortes ce qu'exigent les bienséances et les devoirs d'état? On en apprécierait bien vite les résultats, si l'on s'attachait à la vulgariser, au lieu de l'attaquer à outrance, comme on le fait si inconsidérément.

*
* *

M. A. Paquet publiait, en 1884, sur les *impôts*, un travail dicté par les sentiments les plus élevés, inspiré par des considérations où la justice et la vérité tiennent une place qu'il ne nous est pas loisible de discuter ici : il voulait faire supporter au capital la charge des impôts. Cette idée, il ne s'était pas borné à la jeter au vent, il en avait étudié sérieusement le mode d'application. On peut n'en pas partager le principe, mais personne ne lira ces pages (1) sans reconnaître qu'Alfred Paquet était un penseur guidé par un sincère amour du bien et qu'il réclamait, comme plus équitable à ses yeux, une nouvelle répartition des charges qui pèsent sur les contribuables.

*
* *

Il a publié aussi, en 1884, une autre brochure, testament d'un chrétien et d'un sage : *Hommes et choses* (2). Ce livre de maximes est écrit autant avec le cœur qu'avec l'expérience, et atteste la foi débordante qui présida à sa conception. Les réflexions, éparses sur l'ordre essentiel des questions d'enseignement notamment groupées ici, font valoir les accents qui flagellent la lâcheté, les passions sectaires, le

(1) *L'Impôt, ce qu'il doit être*, par A.-L. P. Brochure in-8° de 70 pages. Valenciennes, librairie Giard.
(2) *Hommes et choses*, par A.-L. P., in-16 de 50 pages. Valenciennes, librairie Giard.

despotisme d'État, avec une hauteur de cœur toujours pénétrée de dignité, de ce je ne sais quoi qui distingue le « parfait honnête homme ».

La maxime suivante, malgré son universalité, met bien en relief le tour pittoresque que cet homme de cœur donnait à sa conversation.

Dieu permet que le plus grand bonheur possible ici-bas soit tout entier dans la paix du cœur, afin d'être à la portée de tous sans distinction de fortune.

La Fontaine nous dit cette vérité avec sa grâce tout originale dans la fable du Savetier et du Financier. Eh bien ! il y a certains esprits qui chercheraient volontiers à démontrer au savetier qu'il a tort d'être gai et content de son sort et qu'il ferait mieux, dans sa position, de serrer les dents, de montrer les poings et de s'insurger contre la société.

Cette pensée justifie, en tous points, l'épigraphe de ce charmant opuscule qui touche à tant de points de la morale et de l'économie sociale. « Les lois de Dieu sont immuables ; elles sont fondées sur la justice et la vérité. » (Ps. cx, 8.)

Le recueil de ces pensées atteste un esprit réfléchi. Ses entretiens, émaillés de saillies, jamais mordantes, attestaient un caractère naturellement enjoué, cette douce gaieté, si heureusement qualifiée par saint François de Sales, et qu'il traduisait dans tous ses actes : « Un saint triste est un triste saint. »

Ses aumônes, discrètes et sincèrement charitables, justifient la remarque d'un fin moraliste (1), notre contemporain : « Dis-moi ce que tu as fait de ton argent, je te dirai ce que tu as fait de ta vie. »

(1) Duc de Broglie, *Correspondant* du 25 février 1886.

*
* *

Si sa vie fut un exemple à suivre, sa mort est un grave enseignement. Ses dernières années, attristées par la maladie, n'entendirent aucune plainte de ce vrai chrétien ; il avait toujours mis avant tout les devoirs religieux dans sa vie, il allait manifester avec une sublime simplicité ses convictions catholiques.

Fort de l'espérance que donne une foi vive et profonde, il voit arriver sa dernière heure avec un calme inaltérable, une sérénité parfaite. Les avertissements ne lui ont pas manqué dans les derniers mois : sa patience, sa douceur, sa résignation, dans sa longue et douloureuse maladie, laissent des souvenirs ineffaçables à tous ceux qui eurent le bonheur de vivre dans son intimité. Ses forces vont sans cesse en déclinant, malgré la résistance que sa constitution robuste offre à l'envahissement de la maladie. Subitement réveillé par la douleur dans la nuit du 10 au 11 avril 1886, il comprend qu'il est mortellement frappé. Quelques jours avant sa mort, il reçoit les sacrements avec la foi la plus vive et la plus grande confiance en Dieu.

« Son espérance en Dieu était ferme : quelle résignation ! Avec quels accents de piété il fait, à plusieurs reprises, le sacrifice de sa vie ! Il adresse tout simplement ses adieux à sa famille, recevant pour l'éternité les recommandations de ses proches et s'engageant à les appuyer auprès du Père des miséricordes dont il attend le salut. C'est que cet excellent chrétien ne s'appuya jamais sur ses propres mérites, mais exclusivement sur ceux de notre divin Sauveur... » (Lettre de M. l'abbé Cornet, grand doyen de Béthune, 2 juillet 1886.)

Son agonie dure plusieurs jours. Il fait les dernières recommandations aux siens avec une fermeté qui contraste avec sa douceur d'âme habituelle. « Je n'avais que soixante-quatre ans; j'aurais pu me rentre utile encore », sont les seules paroles de regret qu'on ait pu surprendre sur des lèvres qui baisaient constamment les pieds du Christ rédempteur. Il dit à tous : « Vous prierez bien pour moi, car j'ai bien prié pour les miens. »

La mort approche, lente, mais inexorable. Il se fait réciter les prières des agonisants qu'il suit avec une piété exemplaire, donne à tous sa bénédiction, remercie les personnes qui l'avaient assisté par leurs soins et leurs prières et rend son âme à Dieu, le 19 avril 1886, en nous laissant, avec le souvenir de ses vertus, l'espérance de le rejoindre un jour.

Ah! qu'il était beau quand, transfiguré par les approches de la mort, à l'heure suprême, il laissa tomber ces paroles, reflet de la glorieuse immortalité que le Sauveur Jésus assure à la vertu : « Je tiens à vous montrer, dit-il à ses enfants, comment on doit mourir. Lorsque vous arriverez, comme j'y touche, à votre heure dernière, rappelez-vous alors l'exemple que la grâce de Dieu me permet de vous donner. »

M. le Curé-doyen de Béthune, de qui nous tenons ces paroles, le considère comme un grand chrétien. Il suivit le funèbre convoi, acompagné avec une sympathie marquée; notre ami repose dans le cimetière de Béthune, auprès des tombes qu'il avait érigées à ses parents. Là son corps attend la résurrection; son âme, portée sur les ailes de l'espérance, a reçu de la miséricorde infinie la récompense des Justes.

F. GIBON.

Quinçay, par Selles-sur-Cher (Loir-et-Cher), 26 juillet 1886.

TABLE DES MATIÈRES

CONTENUES DANS CETTE NOTICE

Pourquoi cette notice.   3

Sa première jeunesse, ses sentiments filiaux. . . .   4

Le commerçant.   4

L'époux.   5

Le père et le chef de famille.   6

L'ami.   7

Le conseiller municipal.   8

Le disciple de la réforme sociale.   9

Sa brochure sur les impôts (1884).   10

Sa brochure : *Hommes et choses* (1884).   10

Sa mort.   12

PARIS. — J. DE SOYE ET FILS, IMPRIMEURS, 18, RUE DES FOSSÉS-SAINT-JACQUES

9 782329 276625